Amira Rakhmonova
Nazira Amriddinova

Uzbek Fairy Tales

Amira Rakhmonova
Nazira Amriddinova

Uzbek Fairy Tales

Uzbek fairy tales translation

JustFiction Edition

Imprint

Cover image: www.ingimage.com

Publisher:
JustFiction! Edition
is a trademark of
International Book Market Service Ltd., member of OmniScriptum Publishing Group
17 Meldrum Street, Beau Bassin 71504, Mauritius
Printed at: see last page
ISBN: 978-620-0-49140-4

Kirish

Ushbu «Uzbek Fairy Tales» nomli tarjima kitobida bir qator mashhur o'zbek ertaklari ingliz tiliga tarjima qilingan. Shuning bilan birga mazkur ertaklar zamirida yotgan qadimiy urf-odatlarimiz, o'zbekona ma'naviyat hamda madaniyatni barcha kitobxonlarga yetkazib berishga bag'ishlangan. Kitobda tarjima qilingan ertaklar yosh bolalar bilan bir qatorda til o'rganayotgan har qanday kishilarga nafaqat til ko'nikmalarini mustahkamlab olishga, balki ertaklardan farovon turmush kechirish uchun kerakli xulosa chiqarishga ko'maklashadi.

Introduction

This translation book, "Uzbek Fairy Tales", is devoted to the translation of a number of Uzbek fairy tales into English. At the same time, these fairy tales are dedicated to the familiarization of Uzbek ancient traditions, Uzbek spirituality and culture to all readers. The translation of Uzbek fairy tales into English in this book will help anyone who is learning a language, including children, not only to strengthen their language skills, but also to draw the necessary conclusions from fairy tales for a prosperous life.

Aql va boylik

Bir cholning to'rt o'g'li bor ekan. Bir kun chol o'g'illarini oldiga chaqirib:

O'g'illarim, men qarib-qartayib qoldim, — debdi,— orangizdan bittangiz oila boshlig'i bo'lishingiz kerak. Kim aqlli va davlatmand bo'lsa, u menga merosxo'r bo'ladi. Har qaysingiz menga aqlli va davlatli ekanligingizni ko'rsating.

Eng katta o'g'il zumrad ko'zli oltin uzuk taqqan qo'lini uzatib:

Mana mening boyligim, boy odamda aql ham bo'ladi, — debdi.

Ikkinchi o'g'li zarbof choponini kiyib ko'rsatibdi:

Shu paytda meni ko'rgan kishi boyligimga va aqlimga qoyil bo'ladi, — debdi.

Uchinchi o'g'li kumush va javohirlar qadalgan kamarini beliga bog'lab:

Hech kim umrida bunday kamarni ko'rgan emas, — debdi.

Chol boshini chayqab, katta o'g'illariga hech nima demabdi. Kenja o'g'liga qarab:

Nega sen indamaysan? Sen qaysi boyliging bilan maqtanasan? — debdi.

Menda zumrad ko'zli uzuk ham yo'q, zarbof chopon ham yo'q, qimmatbaho kamar ham. Lekin mehnatkash qo'lim bor, botir yuragim, aqlli boshim bor, — debdi.

Kenja o'g'ilning javobi cholga yoqibdi, bor- yo'g'ini unga meros qoldiradigan bo'libdi. Katta o'g'illariga esa uning so'zidan chiqmaslikni tushuntiribdi.

Wisdom and wealth

An old man had four sons. One day that old man called his sons and said:

— My sons, now I am old, and one of you should become the head of the family. The wisest and wealthiest will be my heir. Each of you should show me your wisdom and wealth. The eldest showing his emerald-eyed gold ring said:

— Here is my wealth, a rich man has intelligence.

The second son wore a gold-thread coat:

— Anyone who sees me at the moment will admire my wealth and intelligence. The third son tied a belt of silver and jewels around his waist and said:

— No one has ever seen such a belt in his life.

The old man shook his head and said nothing to his older sons. Looking at the youngest son he said:

— Why are you silent? What wealth are you proud of?

— I have neither an emerald eyed ring, nor a gold-thread coat and an expensive belt.
But I have a laborious hand, a brave heart, and a smart head.
The old man liked the youngest son's answer, and decided to leave him the inheritance. He asked his older sons to obey him.

Non va tilla

Bir bor ekan, bir yo‘q ekan, O‘ktam degan bir kambag‘al dehqon bor ekan. Bir parcha non topsam, deb erta-yu kech ishlar ekan, bo‘sh qolsa qani endi davlat topib olsam-u, boyib ketsam, deb hayol surar ekan. Kunlardan bir kun O‘ktam, daraxt tagiga o‘tirib: “Olloh menga bir kuch bersa-yu, qo‘limni nimaga ursam, o‘sha narsa tillaga aylanib qolaversa, ana ushanda og‘ir mehnatdan qutulib, farovon hayot kechirgan bo‘lar edim”,–deya hayol sura boshlabdi. To‘satdan uning qulog‘iga:

— O‘ktam! Hozir sen tilagingga yetasan! Qo‘lingni biron narsaga tekkizgin, darhol tillaga aylanib qoladi,- degan ovoz eshitilibdi. O‘ktam o‘z quloqlariga ishonmabdi. Shunday bo‘lsa ham, bir toshga qo‘l tekkizgan ekan, tosh tillaga aylanib qolibdi. O‘ktam o‘zida yo‘q xursand bo‘lib ketibdi. “Endi yer sotib olaman, dang‘illama uy quraman, atrofini bog‘-rog‘… Chiroyli ot va yaxshi kiyim-boshlar sotib olaman”, – deb o‘ylabdi. U o‘rnidan turmoqchi bo‘lganida, qattiq charchagani va qorni ochiqqanidan yurishga darmoni yo‘qligini sezibdi. “Ertalab uydan olib kelgan ovqatlarimni yeb olay”, – deb daraxt oldiga qo‘ygan to‘rvachasiga qo‘lini cho‘zibdi. O‘ktam nonni tishlab ko‘rsa, qattiq emish. Non ham tilla bo‘lib qolgan ekan. To‘rvachada olma ham bor ekan. O‘ktam shosha-pisha olmani olsa, u ham tillaga aylanib qolibdi. Buni ko‘rgan O‘ktam hang-u mang bo‘lib qolibdi. O‘ktam qo‘rqib ketibdi. Endi qanday qilib yeb-ichadi? Bu tillalar bilan qanday qilib yashaydi? Bu ahvolda ochlik va tashnalikda o‘lib ketadiku! Nimaga qo‘lini tekkizsa, tillaga aylanib qolayotganini, azoblanib, ochlik va tashnalikda o‘lib ketishini ko‘z oldiga keltirgan O‘ktam shularni hayolidan o‘tkazibdi. Shu payt u ko‘zlarini ochib, daraxt soyasida o‘tirganini ko‘ribdi-da, xomhayol qilganini anglabdi. Buni tush ekanligini bilgach, yelkasidan tog‘ ag‘darilganday bo‘libdi.

—Xudoga ming qatla shukur-a, bularning bari yomon tush ekan! – debdi u.

Bread and gold

Once upon a time, there was a poor farmer named Uktam. Sooner or later he would work to earn a living, and if he was free, he would dream of finding treasure and becoming wealthy. One day, Uktam sat under a tree and thought, “If Allah gave me strength and whatever I touch with my hand turned into gold, then I will be able to get rid of hard work and live a prosperous life. Suddenly he heard:

—Now you get what you want! Put your hand on something and it will immediately turn into gold.

Uktam couldn't believe his ears. However, when he touched a stone, it turned to gold. Uktam was overjoyed. He thought, "Now I'm going to buy a plot of land to build a house, a garden, a nice horse and nice clothes." When he tried to get up, he was so tired that he could not walk because he was hungry. “Let me eat the food I brought from home in the morning,” he said, reaching for the bag he had placed near the tree. When Uktam bit the bread, it was hard. The bread had already turned into gold. There was an apple in the bag. When Uktam hurriedly took the apple, it also turned into gold.

Seeing this, Uktam was shocked. He was scared. How would he eat and drink now? How would he live with everything gold? In that case, he coud die of hunger and thirst! Uktam imagined touching anything that turned into gold and dying in suffer of hunger and thirst. At that moment, he opened his eyes and saw that he was sitting in the shade of a tree, and realized that he was just dreaming. When he realized that it was a dream, he felt as if a mountain had fallen from his shoulders. "Thanks God it all is a nightmare!" he uttered.

Qaldirg’och bilan ari

Bir bor ekan, bir yo‘q ekan, qadim zamonlarda bir ilon bilan bir ari bor ekan. Ilon o‘sha zamonlarda barcha jonivorlarning podshosi ekan. Bir kuni ilon ariga aytibdi: “Sen borib hamma jonivorlarning go‘shtidan totib ko‘r, qaysi jonli jonivorning go‘shti shirin ekan?” – debdi.

Ari “Xo‘p bo‘ladi, podshohim!” deb yo‘lga tushibdi. Ari barcha jonli jonivorlarning go‘shtidan totib ko‘ribdi-da, orqasiga qaytibdi. Qaytib kelayotganida qaldirg‘ochga yo‘liqibdi. Qaldirg‘och ari bilan suhbatdan so‘ng, gap nimada ekanini anglab: “Qaysi jonivorning go‘shti shirin ekan”, deb so‘rabdi. Shunda ari: “Odamning go‘shtidan shirin narsa yo‘q ekan”, deb javob beribdi. Qaldirg‘och: “Shuni bilib kelganing uchun men sening tilingdan bir o‘pib olay” – debdi. Ari tilini chiqaribdi. Qaldirg‘och arining tilidan tishlab olibdi. Undan keyin qaldirg‘och bilan ari ilonning oldiga borishibdi. Ilon so‘rabdi: “Qaysi jonivorning go‘shti mazali ekan?”. Ari “zing-zinglab” hech narsani tushuntira olmabdi. Shunda qaldirg‘ochi: “Qurbaqaning go‘shti shirin ekan, deb aytayotir”, – debdi. Shundan keyin ilon qurbaqaning go‘shtiga o‘ch bo‘lib qolibdi.

Shu-shu bo‘libdi-yu, odam bolasi qaldirg‘ochni o‘ziga do‘st tutibdi.

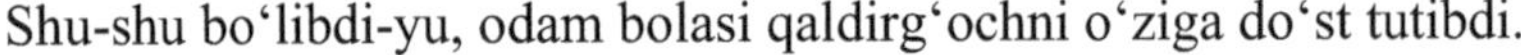

Swallow and Bee

Once upon a time, in ancient times, there was a snake and a bee. The serpent was the king of all living things at that time. One day the snake ordered the bee,

— "Go and taste the meat of all the animals. Which animal has the most delicious meat?"

The bee said,

— "All right, my king!"

And the bee tasted the flesh of all living creatures and returned. On the way back, he came across with a swallow. After talking to the bee, the swallow realized what was going on and asked.

— "Which creature's meat is more delicious?"

The bee replied,

— "There is nothing tastier than human flesh."

The swallow:

— "I'll kiss your tongue because you leaened about that."

The bee stuck out its tongue. The swallow bit the bee's tongue. Then the swallow and the bee went to the snake. The snake asked:

— "Which animal's meat is delicious?"

The bee "buzzing" could not explain anything. Then the swallow said:

— "The frog's meat is sweet."

After that the snakes become fond of frog's meat. That's what happened, and the man made the swallow his friend.

To'g'rivoy va Egrivoy

Qadim zamonda bir qishloqda bir yigit bor ekan. Unga To‘g‘riboy deb nom bergan ekanlar. Uning bittagina ozg‘in otidan bo‘lak narsasi yo‘q ekan. Bora-bora qishloqda ish topilmaydigan bo‘lib, uning ahvoli og‘irlashibdi. Oti bilan mardikor ishlashga ikkinchi bir tomonga jo‘nab ketibdi. Yo‘l yuribdi, yo‘l yursa ham mo‘l yuribdi. Yo‘lda unga bitta piyoda yigit hamroh bo‘libdi. Ikkisi suhbatlashib ketaveribdi.

— Xo‘sh, yo‘l bo‘lsin? — debdi To‘g‘riboy.

— Mardikorlik qilish uchun uzoq shaharga ketayotibman, — deb javob beribdi piyoda yigit.

— Isming nima?

— Egriboy.

— Seniki-chi?

— To‘g‘riboy. Ikkimizning nomimiz bir-biriga mos ekan, kel, endi do‘st bo‘laylik, birga ishlab, birga yuraylik,— debdi To‘g‘riboy. Ikkovlari shunday deb ahdlashibdi.

Otliq yigit sherigining piyoda yurganiga rahm qilib, unga otini beribdi. Egriboy egarga o‘tirishi bilan otga bir qamchi berib, tezda ko‘zdan g‘oyib bo‘libdi. To‘g‘riboy hayron bo‘lib qolaveribdi. “Do‘stman, deb dushmanning ishini qilib ketdi,” deb o‘ylabdi u. Rangi o‘chibdi, qoni qochibdi. Oxiri piyoda yo‘lga ravona bo‘libdi. Kech kiribdi. Tik yo‘ldan adashib, bir so‘qmoqqa qayrilibdi. So‘qmoq ham qalin bir o‘rmonga kirib yo‘qolgach, To‘g‘riboy qayoqqa borishini bilmay, sarosimaga tushibdi. Kech kuz pallasi ekan. Daraxtlarning yaproqlari to‘kilgan, qip yalang‘och, bargsiz qolgan qalin o‘rmon ekan. To‘g‘riboy hamon yo‘l axtarib yuraveribdi. Kech kirib qorong‘u tushibdi. Osmonda yulduzlar ham ko‘rina boshlabdi. To‘g‘riboy yo‘lda bir eski tandirga duch kelibdi. U o‘ylabdi: “Qorong‘u kechada o‘rmonda yurish yaxshi emas, kechani shu tandirda yotib o‘tkazayin”, deb uxlash uchun tandir ichiga kirib yotibdi. Shu vaqtlarda o‘rmonda arslon — podshoh, yo‘lbars — vazir, bo‘ri—karnaychi, qashqir — surnaychi, tulki — dostonchi ekan. Haligi tandir turgan joy shularning bazmgohi ekan. Birozdan keyin bir qashqir kelib, tandir atrofini aylanib, uvlabdi. Oradan sal o‘tmay, o‘rmondagi butun hayvon shu yerga yig‘ilibdi. Arslon podshoh o‘rniga o‘tirib, o‘rmon ahllarining majlisini davom ettiribdi. Tulki doston boshlabdi:

— Yoronlar, shu o‘rmon orqasidagi tog‘da bir g‘or bor, men o‘n yildan buyon o‘sha g‘orda yashayman. Odamlarning uyida nimaiki bo‘lsa, mening uyimda ham bor. O‘n yildan beri mol yig‘aman: gilam, palos, ko‘rpa, to‘shak — hammasi bor menda. Yaxshi-yaxshi ovqatlar ham bor. Tandir ichida o‘tirgan To‘g‘riboy o‘zicha o‘ylabdi: “Yaxshi, tulkiboynikiga mehmonga borsam bo‘lar ekan”. Navbati bilan qashqir so‘z boshlabdi:

— Sening joying qiziq emas, tulkiboy. Mana bu tepa ostida mening bir sichqonim bor, har kun tush vaqtida shuni tomosha qilaman. Uning qirq bitta tillasi bor. Shularni inidan chiqarib o‘ynaydi, keyin ularni o‘rtaga uyib, o‘zi tomosha qiladi, atrofida aylanadi, keyin yana iniga opkirib ketadi. Endi ayiq afsonasini eshiting:

— Bu ham qiziq emas, — deb so‘zga kirishibdi ayiq, — bizning shu o‘rmonda bir qayrag‘och bor, uning pastrog‘ida ikki shoxchasi bor. Shu shoxchalarning yaproqlari butun kasallarga davo. Mana shu shahardagi podshohning qizi yetti yildan buyon kasal. Podshoh jar soldiradi: “Kimda-kim shu qizimni sog‘aytirsa, uni o‘shanga beraman” deydi. Sog‘aytirolmagan kishini o‘ldiradi. Ko‘p tabiblar qizni sog‘aytirolmasdan, dorga osilib ketdilar. Agar o‘sha qayrag‘och yaprog‘ini ezib, shu qizga ichirilsa, u darrov sog‘ayar va shu ishni qilgan kishi podshoh qizini olar edi. So‘ngra bo‘ri afsona boshlabdi:

— Yoronlar, bizning ham bir qiziq hikoyamiz bor. Shu o‘rmonning narigi chekkasida bir boyning qirq mingta qo‘yi bor. Men har kuni ikki qo‘yni yeyman. Meni ushlash uchun hamma hiylani ishlatdilar. Lekin hech iloj topolmadilar. Mana shu yaqin oradagi qir boshida turuvchi chol boboning bir iti bor. Agar shu itni sotib olsalar, u meni tilka-pora qilar edi. Eng oxirida yo‘lbars gap boshlabdi:

— Bo‘ri aytgan boyning o‘n ming yilqisi shu o‘rmonning bir chekkasida o‘tlab yuradi. Men shundan har kuni bir ot yeyman. Lekin shu otlarning ichida bir ola ayg‘ir bor. Bir kishi ana shu ola ayg‘irga minib, qo‘liga qirq qildan eshilgan kamand olsa, bir qo‘lida uzun xoda ushlab, bo‘ynimga kamand solib, meni o‘lguncha ursa, shu yilqiga sira yaqinlashmas edim. Mening eng katta dushmanim shu ola ayg‘ir ekanligini boy bilmaydi…Yo‘lbars afsonasini tugatishi bilan tong ham yorishibdi. Hamma hayvonlar joy-joyiga tarqab ketibdilar. To‘g‘riboy tandirdan chiqib tulkining makoniga boribdi. Qarasa, hamma narsa joy-joyida, go‘sht ham bor, yog‘ ham bor, guruch ham bor. Darhol qozonga yog‘ solib, olovni yoqa boshlagan ekan, tog‘ boshidan oshib kelayotgan tulkini ko‘rib qolibdi va o‘zini panaga olibdi. Tulki uyga kelgach, qozonda yog‘ dog‘ bo‘layotganini ko‘rib, hayron bo‘lib qolibdi. Shunda To‘g‘riboy tulkini tappa bosib, bo‘g‘ib o‘ldiribdi.

Osh qilib yeb, qornini to‘ydiribdi va yotib uxlabdi. Ertasiga To‘g‘riboy qashqir aytgan tepalikni izlab ketibdi. Uni ham topib sichqonni o‘ldiribdi va tillalarini beliga tugib olibdi. Keyin ayiq aytgan qayrag‘ochning yaprog‘ini ham olibdi. So‘ngra cho‘pon tomonga yo‘l solibdi. Cho‘ponni topib, undan hol-ahvol so‘rabdi. Shunda cho‘pon:

— Ahvol yomon, — debdi, — ancha vaqtdan beri bir bo‘ri har kuni ikkitadan qo‘yimni yeb ketadi. Hech ilojini qilolmayman. Xo‘jayin meni baloga qo‘yadi.

To‘g‘riboy so‘rabdi:

— Men shu bo‘ridan sizni qutqazsam, nima berasiz?

Cho‘pon xo‘jayindan qirq qo‘y olib berishga va’da qilibdi. To‘g‘riboy haligi boboning itini sotib olib, cho‘ponga beribdi. Cho‘pon bo‘ri ofatidan qutulibdi va To‘g‘riboyga xo‘jayindan qirq qo‘y olib beribdi. Shundan so‘ng To‘g‘riboy yilqichining oldiga boribdi. U bilan hol-ahvol so‘rashgandan keyin:

— Shu kechasi ola ayg‘irni egarlab, qirq qildan eshilgan kamandni, uch gaz xodani menga to‘g‘rilab bering! debdi.

To‘g‘riboy otni minib, yo‘lbars keladigan so‘qmoqni poylab turibdi. Birdan yo‘lbars o‘rmondan yugurib chiqib, o‘zini otlar orasiga uribdi. To‘g‘riboy kamandni rostlab turib, yo‘lbarsning bo‘yniga solibdi. O‘rmonda yo‘lbarsni aylantirib yurib, o‘lguday uribdi. Yo‘lbars holdan ketib yiqilibdi. Yilqibon To‘g‘riboyning xizmati uchun ola ayg‘irni beribdi. To‘g‘riboy ola ayg‘irni minib shaharga yo'l solibdi. Shaharga borsa, bozorda jarchi jar solayotgan ekan:

— Podshohning qizi yetti yildan buyon kasal, kimki uni sog'aytirsa, podshoh o'shanga qizini beradi!.. Sog'aytirolmasa, o'ldiradi!

To'g'riboy jarchining orqasidan podshoh huzuriga boribdi va qizini boqib tuzatishga va'da beribdi. Podshoh To'g'riboyni qizining huzuriga boshlab kiribdi. To'g'riboy yonidagi yaproqni qizga ezib ichiribdi. Shu bilan qiz uch kun deganda sog'ayib ketibdi. Podshoh qizini To'g'riboyga beribdi. Podshoh To'g'riboydan so'rabdi:

— Endi sizni qaysi shaharga hokim qilay?

To'g'riboy aytibdi:

— Menga hokimlik kerak emas. O'rmon etagidagi tog' ustiga bir uy solib bersangiz, bas. Men o'z mehnatim bilan kun kechiraman.

Podshoh uning aytganini qilibdi. To'g'riboy xotini bilan tog'da yashabdi. Kunlardan bir kun tush vaqtida o'zining qadimgi otini minib borayotgan hamrohi Egriboyga ko'zi tushibdi. Uni chaqirib keltiribdi va yaxshilab ziyofat qilibdi. Egriboy:

— Do'stim, — debdi, bunday baland joyga qanday qilib imorat solding? Uyli-joyli bo'libsan, bularni qayerdan topding? Birovga xiyonat qilgan kishining qorni sira to'ymas ekan. Sening otingni olib qochib, qayerga borsam, ishim chappasidan keldi. O'shandan beri bir marta ham qornim nonga to'yganini bilmayman.

To'g'riboy:

— Mana bu o'rmon ichida bir tandir bor. Men o'sha tandir ichida bir kecha yotib, bu narsalarga erishdim, — degan ekan, Egriboy:

— Sadag'ang bo'lay, menga ham ko'rsatib qo'y, men ham o'sha tandirda bir kecha yotib chiqay, — debdi.

To'g'riboy uni boshlab borib, tandirni ko'rsatibdi. Egriboy tandirga kirib yotibdi.

O'rmon hayvonlari yana yig'ilishibdi. Arslon podshoh:

— Mening afsonachi do'stim tulki qayerda? — deb so'rabdi.

Qashqir o'rnidan turib shunday debdi:

— Afsona qursin: u kungi afsonaning kasofati bilan siz tulki do‘stingizdan, men tillali sichqonimdan ayrildim.

Uning ketidan ayiq o‘rnidan turib:

— Qayrag‘ochimizning yaproqlarini ham olib ketibdilar, — debdi.

Navbat bo‘riga kelganda, podshohga qarab debdi:

— Men oziq-ovqatimdan ajradim, cho‘pon men aytgan itni sotib oldi, tilka-poramni chiqazdi. Kaltak zarbidan a’zoyi-badanim shishib ketdi.

Arslon podshoh qovog‘ini solib turib, buyuribdi:

— Kim chaqimchi bo‘lsa, tutib o‘ldiring!

Qashqir tustovuqdan ko‘ribdi. Tustovuq: “Chaqimchi tandirda” deb uchib ketibdi. Hamma hayvonlar birdaniga tandirga yugurishib, uning ichida berkinib yotgan Egriboyni tutib olishibdi va “chaqimchining jazosi — shu!”, deb uni tilka-tilka qilib tashlashibdi.

Shunday qilib, To‘g‘riboy to‘g‘riligidan maqsadiga yetibdi. Egriboy esa egriligidan jazosini tortibdi.

Right and Wrong

In ancient times there was a young man in the country-side. He was called Right. He had nothing but a thin horse. Gradually, there were no jobs in the village, and his condition worsened. He went to work on the other side with his horse. They walked, walked and walked a lot. He was accompanied by a young man on foot. Both walked talking.

— "Well, where are you going?" asked Right.

— "I'm going to a distant city to work as a day-labourer," replied the walker.

— “What is your name?”

— “Wrong.”

— "And yours?"

— "Right. As long as we have compatible names, let's be friends, walk and work together," said Right. The two agreed.

The young man on horseback took pity on his companion for walking and gave him his horse. As soon as Wrong got on the saddle, he gave the horse a whip and quickly disappeared. Right was really surprised. He thought "He did the work of the enemy telling me that he was a friend." He went pale as if he was loosing blood. Finally, we started walking. It was late evening. He lost his way and turned onto one path. When the trail disappeared into a thick forest, Right was confused and did not know where to go. It was late autumn. It was a thick forest, with bare leaves and bare hills. He was still looking for a way out, it was getting dark. The stars began to appear in the sky. On the way, he came across an old tandoor. He thought, "It's not good to walk in the forest at night. I'll spend the night in this tandoor." He went into the tandoor to sleep. At that time, the lion was the king, the tiger was the minister, the wolf was the trumpet player, the coyote was the trumpet player, and the fox was the narrator. The tandoor was on their feast place. After a while a wolf came and roamed around the oven and howled. Soon all the animals in the forest gathered there. The lion sat on the throne of the king and continued the meeting of the animals of the forest. The fox began the story:

— "Friends, there's a cave in the mountain behind this forest, and I've been living in that cave for ten years. Whatever people have in their house, I have in my cave. I've been collecting goods for ten years: carpets, rugs, blankets, bed - I have them all. There are also good meals.
Sitting in the tandoor, Right thought to himself, "Well, I can go to the fox's house." Then the wolf began to speak:
— "Your place is not interesting, fox." Here's a mouse under this hill that I watch every afternoon. He has forty-one coins. He plays with them out of his nest, then puts them on the ground, watches them, turns around, and then throws them back in his nest. Now listen to the bear's legend:
— "It's not interesting either," said the bear. "There is an elm in the forest with two branches at the bottom." The leaves of this tree cure any kind of ailments. The king's daughter has been sick for seven years. The king declares, "Whoever heals my daughter, will marry her if not, will be killed. Many doctors were hanged not being able to heal her. Anyone someone crushes that tree's leaf and gives it to the girl to drink, she would be healed immediately, and the one who did that would marry the king's daughter. Then the wolf began the legend:
— Friends, I also have an interesting story. On the other side of the forest, a rich man has forty thousand sheep. I eat two sheep every day. They used all the tricks to catch me. But they found no way out. There is an old man who lives at the top of a nearby hill and he has got a dog. If they bought this dog, he would tear me to pieces. Finally, the tiger began to talk:
— "Ten thousand sheep of that rich man graze on the edge of this forest." I eat a horse out of the herd every day. But there is a piebald stallion among these horses. If a man rode that stallion and took a halter made of forty fibers in his hand, and held a long pole in one hand, and tied a halter around my neck, and beat me to death, I would never approach them. The rich man does not know that my biggest enemy is that piebald stallion.
The morning dawned as the story of the tiger came to an end. All the animals scattered. Right got out of the tandoor and went to the fox's place. When he arrived he saw there was everything necessary such as meat, oil and rice. When he immediently made fire, put the oil into the pot, he saw a

fox coming over the mountain and then he hid. When the fox came home, he was surprised to see oil heating up in the pot. Then Right choked the fox quickly.

He cooked plov, fed himself, and slept. The next day, Right went in search of the hill that the wolf had mentioned. He found the place, killed the mouse, and tied her gold around his waist. Then he took the leaf of the elm that the bear told about. Afterwards, he made his way to the shepherd. He found the shepherd and asked him how he was. Then the shepherd said:

— "The situation is bad. It's been a long time since a wolf has been eating two sheep a day." I can't do anything. My master is bothering me.

Right asked:

— "What will you give me if I save you from that wolf?"

The shepherd promised to take forty sheep from his master and give him. Right bought that old man's dog and gave it to the shepherd. The shepherd got rid of the wolf and gave Right forty sheep from his master. Then Right went to the horseman. After asking him about the situation:

— "Saddle the stallion tonight, and give me a whip made of forty fibers, and three long poles!" he said.

Right on his horse waited on the way the tiger used to cross. Suddenly, the tiger ran out of the woods into the horses. Right straightened his whip and choked the tiger's neck. He beat the tiger to death going across the forest. The tiger was exhausted and fell down. The horseman gave a stallion for Right's services. He rode a stallion to the city. When he went to the city, he saw an announcer in the market announcing:

— "The king's daughter has been sick for seven years, and whoever heals her, the king will give her to him! If he can not heal, he will be killed!"

Right followed the announcer and visited the king and promised to heal his daughter. The king led Right to his daughter. He squeezed the juice of the leaf which he brought from the elm tree in the forest and helped the girl to drink it. The girl was healed in three days. The king gave his daughter to Right. The king asked Right:

"In which city would you like to be a governor?"

Right said:

"I don't need authority." If you build a house in the mountain at the foot of the forest, that's enough. I earn a living myself.
The king did what he told. He started living in the mountains with his wife. One afternoon, he saw his companion, Wrong, riding his old horse. Right invited him and they had a feast.
Then, Wrong:
—"Friend, how did you build a house on such a high place? Now you have a new house, where did you get money from? A person who betrays someone is never satisfied. I took your horse and left you alone, wherever I went, everything went awful. Since, I don't remember if I've ever had enough meal to eat. "
Right:
—"There's a tandoor in this forest. I slept in that tandoor one night and heard it all."
Wrong:
"I beg you to show me that tandoor I also want to spend a night in that tandoor."
Right led him and showed the tandoor. Wrong entered and lied in the tandoor.
The forest animals gathered again. King Lion asked:
— "Where is my narrator friend – the fox?"
The wolf stood up and said:
— "Because of the prevous stories you lost your friend – fox and I lost my golden mouse with its gold."
The bear followed him:
—"They also took away our leaves of our elm."
When it was the wolf's turn, he looked at the king and said:
"I ran out of food, and the shepherd bought the dog I mentioned last time we gathered and beat me to death. My body is swollen as a result of beating. "
The king lion frowned and said:
"Catch delator and kill him!"
The wolf uttered delator was pheasant. Pheasant flew away, saying:

— "Delator is in the tandoor."
Suddenly, all the animals ran to the tandoor, grabbed Wrong, who was hiding in it, and tore him to pieces, saying:
— "This is the punishment for the delator!"
Thus, Right reached his goals because of rightness. Wrong was punished for his wickedness.

Chol bilan sichqon

Bor ekan-da, yo‘q ekan, och ekan-da, to‘q ekan. Qadim zamonda shu go‘zal Nanay tomonda bir chol-u kampir bor ekan. Bular baxt uchun tug‘ilgan ekan. Ammo choli tushmagur anqovroq ekan. Kunlardan birida kampir cholga o‘tin olib kelishni buyuribdi va qo‘liga o‘roq bilan non beribdi. Chol o‘tinga boribdi-yu, o‘rog‘ini yo‘qotib, quruq qaytibdi. Chol bo‘lgan voqeani aytibdi. Kampir cholni rosa koyibdi. Kampir yana cholni o‘tinga yuboribdi. Bu safar u cholga pishgan kishmish bilan non beribdi. Chol ovqatni bir shum sichqonga oldiribdi, och qaytibdi. Keyin u kampiriga hasrat qilibdi. Ammo choli tushmagur mug‘ombir ekan. U sichqon bilan juda qalin do‘st-ulfat ekan. Ovqatni ham u bilan baham ko‘rishni istar ekan. Kampir achchig‘idan otashkurakni qizdirib, sichqon yoniga boribdi. Kampir ovozini cholning ovoziga o‘xshatib:

— Hoy, sichqonjon, sichqonjon, Og‘zingni och, ulfatjon. Men kishmish olib keldim.Och og‘zingni o‘rtoqjon, — debdi.

Sichqon ochko‘zligidan uyida turib, og‘zini ochgan ekan, kampir otashkurakni sichqonning og‘ziga tiqib yuboribdi. Sichqonning og‘zi kuyib qolibdi. Ertasiga chol yana sichqonjonning oldiga kelibdi. U do‘stini ovqatga chaqiribdi. Bechora sichqonjonning g‘azabi kelib, chiyillabdi:

— Chiy-chiy, ket nari,
Sira kelma men sari.
Sen sabab og‘zim kuydi,
Chiy-chiy ket nari.
Sen sabab bo‘g‘zim kuydi,
Sira kelma men sari, —debdi.

The mouse with the old man

Once upon a time, there was an old man on the beautiful side called Nanai. They were born for happiness. But an old man was a bit of slow-witted.

One day the old woman ordered the old man to bring firewood and gave him bread and a sickle. The old man went for firewood, lost his sickle, and returned empty-handed. The old man told what happened. The old woman inculpated the old man.

The old woman sent the old man to the firewood again. This time she gave the old man bread and raisins. The old man's food was taken by one mouse, and he returned hungry. Then he grieved to his wife. But the old man was a sly swindler. In fact he was a very close friend of the mouse.

He wants to share a meal with a mouse thought the old woman and she angrily heated the scoop and went to the mouse. The old woman made her voice sound like the old man's and said:

— "Hey, mouse, dear mouse, open your mouth, buddy." I brought raisins. Open your mouth, my friend.

Out of greed, the mouse stood at home and opened his mouth, and the old woman put the hot scoop in the mouse's mouth. The mouse's mouth burnt. The next day the old man came to the mouse again. He invited his friend to dinner. The poor mouse screamed in anger:

— "Squeak, squeak go away,
Don't come to me.
My mouth is burnt cause of you,
Squeak, squeak go away.
I have burnt my throat cause of you,
Don't come to me. "

Tulkining jazosi

Kunlarning birida bir gala tovuq tulkining ustidan ayiqqa arz qilib boribdi.

– Taqsir, tulkining dastidan kun ko'rolmayapmiz. U hech kimdan tap tormaydi. Hatto sizning ham yuz xotiringizni qilib, bir og'iz so'ramay, tovuqlarni qirgani-qirgan.

– Voy, yaramas-ey, – debdi ayiq g'azablanib. – Men u muttahamning ta'zirini beraman.

U darrov tulkini chaqirtirib kelibdi.

– Men sizning biqiningiz yerga botmasin deb paryostiq qilish tashvishi bilan yurgan edim, – debdi tulki va qo'ltig'idagi yostiqni darrov ayiqning yonboshiga qo'yibdi.

– Bu miyasi yo'q tovuqlar sizning g'amingizda yurganimni bilmay, ustimdan arz qilishibdi.

Ayiq yostiqqa suyanib, tovuqlarga o'shqiribdi.

-Qani, ko'zimdan yo'qolinglar. Ikkinchi bunaqa bema'ni gap bilan miyamni qotirmanglar.

Shu kuni kechasi yana ikki tovuqning sho'ri quribdi. Tovuqlar endi bo'rining oldiga arzga borishibdi.

– Tulkining dastidan aziyat chekayapmiz. Yordam bering, – deyishibdi ular. Bo'ri shu zahoti tulkini topdirib kelibdi.

– Bo'ri janoblari, men tuni bilan mijja qoqmay sizga paryostiq tayyorladim, – tulki bo'rining yonboshiga yostiq qo'yibdi. – Bu nodonlar sizning g'amingizda yurganimni bilmay, ustimdan arz qilishibdi.

Bo'ri tovuqlarni tiriqtirib quvibdi. «Tulki o'z ishini bilib qiladi», deb urishibdi. Shu kuni kechasi uch tovuqning sho'ri quribdi. Ertasiga tovuqlar tozi itga arzga borishibdi. Tulki unga ham paryostiq olib boribdi. Biroq tozi it yostiqqa qarab ham qo'ymabdi.

– Bu shum tulkining sho'rini quritinglar, – degan ekan, itlar tulkini rosa talashibdi.

– Uni cho'lga quvinglar. Bo'lmasa u tovuqlarni qiyratib, patidan paryostiq tayyorlab, ishini bitirib yuraveradi.

Shu-shu tulki cho‘lga badarg‘a qilinibdi. Adolatli tozi itdan qo`rqib haligacha u bor joyga yaqin yo‘lamas ekan.

The punishment of the fox

One day a herd of chickens complained to the bear about the fox.

— "Sir, we can't live freely because of the fox. He is not afraid of anyone. He even does not respect you and hunts chickens not telling you."

— "Oh, no, a bawdy fox. I'll give a lesson to that swindler. Said the bear angrily."

He immediately summoned the fox.

— "I have been worring that you lie on hard ground and prepared a feather pillow for you.

The fox immediately got the pillow and put it on the bear’s side.

— "These brainless chickens complained on me to you, not knowing that I was worried about you."

The bear leaned on the pillow and shouted at the chickens.

— "Get out of my sight." Next time don't bother me with such nonsense.

That night, two more chickens were hunted by a fox. Then the chickens visited the wolf to complain about the fox. They said:
— "We have been suffering because of the fox. Please, help,"
The wolf immediately found the fox.
— "Mr. Wolf, I've made you a feather pillow not sleeping all night," said the fox, putting a pillow on the wolf's side.
— "These fools complained on me, not knowing that I was worried about you."
The wolf chased the chickens away.
— "The fox knows what he's doing," said the wolf.
That night, three chickens were hunted again. The next day the chickens went to the greyhound. The fox brought a feather pillow to him as well. But the dog didn't even look at the pillow.
— "Punish this sly fox." said the greyhound to other dogs. They barked at the fox.
— "Cast him out into the wilderness." Otherwise, he would keep killing the chickens, making feather pillows and solves his problems.
The same fox was expeled into the desert. The fox was so much afraid that he still doesn't go to places near the greyhound.

Eng katta sehr

Bir sehrgar bo'lgan ekan. Uning qo'lidan hamma ish kelar ekan. Istasa, tap-taqir cho'l o'rnida dengiz yarata olar ekan. Yalang joyda qasr paydo qilish ham uning uchun arzimagan yumush ekan.Ammo bu ishlaridan sehrgarning ko'ngli to'lmas ekan.Kunlarning birida u odamlarning baxt haqidagi fikrlarini bilmoqchi bo'libdi. Axir ular sehrgarlikdan bexabar bo'lsalar ham baxtli yashashar ekanlar-da! Sehrgar yo'lida yelkasiga o'g'ir qop ortmoqlagan o'tkinchini uchratib qolibdi.

— Zildaymi? — so'rabdi sehrgar.

— Zilday bo'lganda-chi!- debdi yo'lovchi.

— Istasang, yukingni yengillatib beraman. Ter ham to'kmaysan, mashaqqat ham chekmaysan, yumushing osongina amalga oshadi, — debdi sehrgar.

— Yo'q, menga bunaqa ko'makning keragi yo'q, — debdi yuk ko'targan yo'lovchi.

Sehrgar yo'lovchining javobidan hayron bo'libdi:

— Axir, qop judayam og'ir deyapsan-ku!

— Shunday bo'lmasa bo'lmaydi! — debdi yo'lovchi.

— Hamma narsa osongina bitaversa, nimadan sevinib, nimadan xursand bo'laman?

Gaping rost, — debdi sehrgar. — Mana mening qo'limdan hamma ish keladi, ammo sira quvona olmayman.

— Uy ham qura olasanmi? — so'rabdi yo'lovchi ishonqiramay.

Sehrgar javob berish o'rniga qo'lini yengilgina silkitibdi, shu onda ularning yonida mo'risidan pag'a-pag'a tutun burqsib turgan uy paydo bo'libdi.

— Qoyil! — debdi yo'lovchi entikib, keyin qo'shib qo'yibdi:

— Bunaqa uyni...o'z qo'ling bilan qurganigga ne yetsin...

— Sen haqiqatan ham baxtlimisan? — so'rabdi sehrgar.

— Qopni manziliga olib borsam, mendan baxtli odam bo'lmaydi, — javob beribdi yo'lovchi.

— Uni manziliga men eltisha qolay bo'lmasa, — debdi sehrgar va qopni yelkasiga ortmoqlab olibdi.

Manzil olis ekan. Ular ketaveribdilar, ketaveribdilar.

— Hali uzoqmi? — so'rabdi terga bota boshlagan sehrgar.

— Uzoq, — javob beribdi qop egasi.

— Dam olsakmikan? — so'rabdi sehrgar hansirab.

— Yahshisi, yo'ldan qolmaganimiz ma'qul, — debdi unga javoban yo'lovchi.

— Yo'qsa quvonchimiz tez tarqab ketadi.

Ular, nihoyat, manziliga yetib kelibdilar.

— Keldik, — debdi yo'lovchi sehrgarga.

Sehrgar qopni yelkasidan tushiribdi, u horib-charchagan bo'lsa ham, yuzida tabassum o'ynab, yerga yotib olibdi.

— Ha! — debdi sehrgar peshonasidagi marjon-marjon terlarini artar ekan.

— Baxt nimaligini angladim, buning uchun senga katta rahmat, birodar.

— Beminnat yordaming uchun senga ham tashakkur! — debdi yo'lovchi.

Sehrgar o'sha kundan boshlab jodu ishlarini butunlay yig'ishtiribdi. O'z qo'li, o'z mehnati bilan uy qura boshlabdi.Quyosh chiqmasidan burun bog'ga yo'l oladigan, dalalarga suv taraydigan bo'libdi.

The greatest magic

There was a magician who could do anything. If he wanted, he could create a sea instead of a barren desert. Building a tower in the desert is not a trivial task for him either. But the magician is not satisfied with his work. One day he wanted to know what people think about happiness. After all, they are happy even if they don't know magic! On the way to the magician, he met a passer-by with a heavy bag on his shoulder.

— "Is it heavy?" Asked the magician.

— "It is more than heavy." Said the passenger.

— "If you want, I'll lighten your load." You won't sweat or suffer, and your work will be done easily," said the magician.

"No, I don't need that kind of help," said the passenger.

The magician was surprised by the passenger's answer:

— "But you mentioned that the bag is too heavy!"

— "It can't be otherwise!" Said the passenger.

— "If everything is done easily, what will I be happy with then?"

— That's true, 'said the magician. "I can do anything, but I'm not happy."

— "Can you build a house?" the passenger asked unbelievably.

— Instead of answering, the magician waved his hand lightly, and at that moment a house appeared next to them, with smoke billowing from his pipe.

— "Awesome!" Said the passenger, panting, and then added:

— "But there is nothing to compare with building a housc like this, with your own hands?"

— "Are you really happy?" Asked the magician.

— "No one will be happier than me, if I take the bag to its destination," replied the passenger.

— "Then, I'll take it to the destination," said the magician, carrying the bag on his shoulder.

The destination was far away. They went and went.

— "Is it still far?" Asked the magician sweating.

— "Far," replied the bag owner.

— "Shall we rest?" Asked the magician with a sigh.

— "It's better we keep going. Otherwise, our joy will dissipate quickly." replied to him the passenger.

They finally arrived at their destination.

— "We have come," said the passenger to the magician.

The magician took the bag off his shoulder, and though he was tired, he lay down on the grounf with a smile on his face.

— "Yes!" The magician said, wiping sweaty drops of his forehead.

— "I realized what happiness is, thank you very much for that, buddy."

"Thank you for your help!" Said the passenger.

The magician completely stopped using his magic since that day. He began to build a house with his own hands and labor and completed. Before sunrise, he used to go to the garden and watered the fields.

Bulbul

Qadim zamonda boy savdogar bo‘lib, uning turli mamlakatlardan keltirgan qimmatbaho buyumlari juda ko‘p edi. U qayerga bormasin, esdalik uchun biror yaxshi narsa olib qaytardi-da.

Savdogarning uyida bir bulbul bor edi. U kumushdan yasalgan katta va chiroyli qafasda yashardi. Savdogar undan hech narsani ayamasdi. Xizmatkor bulbulga har kuni – tongda, tushlikda va oqshomda sadaf idishda suv va eng sara donlardan olib kelardi. Bulbul g‘am-tashvishsiz, farovon yashardi. Kuylashda unga yetadigani yo‘q edi.

Savdogar uning quvnoq sayrashini eshitib, “U erkinlikdan ko‘ra mening uyimda baxtliroq yashayapti”, deb o‘ylardi.

Bir kuni savdogar boshqa mamlakatga safarga otlanibdi. Bundan xabar topgan bulbul savdogardan iltimos qilibdi:

– Xo‘jayin, mendan doim yaxshiligingizni ayamadingiz. Yana bir iltimosimni bajarsangiz. Siz hozir mening yurtimga ketyapsiz. U yerdagi anor bog‘ida qarindosh-urug‘larim yashaydi. Ularga salomimni yetkazib, hech narsadan nolimasdan sog‘-salomat yashayotganim haqida xabar bersangiz.

– Yaxshi, aytganingdek qilaman, – dedi savdogar va yo‘lga tushdi.

U manzilga yetib kelib, mollarini sotib bo‘lgach bulbul aytgan bog‘ni izlashga tushdi. Uzoq yo‘l yurib, nihoyat, g‘oyatda chiroyli bir boqqa duch keldi. Bog‘da son-sanoqsiz gullar ochilib yotardi. Yon-atrofdan esa yoqimli, muattar hid taralardi. Qayerga qaramang, hamma joyda – hatto daraxtlarning har bir shoxiga qo‘nib olgan bulbullar jarangdor ovoz bilan qo‘shiq kuylashardi. Ulardan biri shunday nola bilan sayrardiki, befarq tinglay olmasdi.

– Men izlayotgan qushlar shular bo‘lsa kerak, – deb o‘yladi savdogar va daraxtga yaqinlashib qichqirdi:

– Hoy, bulbul! Mening uyimda sening ukang yashaydi. U senga va barcha yaqinlariga salom yo‘llashimni, o‘zining sog‘-salomat, betashvish yashayotganini aytib qo‘yishimni so‘radi.

Bu so'zlarni eshitgan bulbul xuddi o'q yeganday yerga tappa quladi. Savdogar nima qilishini bilmay qoldi. Qush qanotlarini keng yoyib, og'zini ochgancha qimir etmay yotardi.

"Eh, bekor unga ukasi haqida eslatdim, – o'yladi savdogar. – Ukasini sog'inib, kuyunib yotganga o'xshaydi... Endi pushaymondan foyda yo'q".

Savdogar yerda o'lib yotgan qushni olib uzoqroqdagi maysaning ustiga irg'itdi.

Bulbul esa yerga tushgan zahoti tirilib, pir etib uchib daraxtga qo'ndi-da, shoxdan-shoxga o'tib sayraganicha, bog' ichiga kirib ketdi.

– To'xta, qayerga ketyapsan? – qichqirdi savdogar. – Axir, ukang sendan xabar kelishini kutyapti!

Lekin bulbul uning gapiga quloq solmadi, sho'xchan kuylagancha qalin barglar orasida g'oyib bo'ldi. Savdogar uyga xafa bo'lib qaytdi.

– Xo'jayin, yaqinlarimdan biror xabar keltirdingizmi? – so'radi undan bulbul.

– Qarindoshlaringga sen haqingda hamma gapni aytdim, lekin ulardan hech qanday xabar keltirolmadim. Aftidan, ular sen haqingda eshitishni istashmadi. Akangga sen to'g'ringda so'zlab berdim, u esa quloq ham solmadi va o'zini shunday o'lganga solib oldiki, men uning o'lganiga paqqos ishondim. Uni yerdan olib, maysazorga irg'itdim. Shunda u to'satdan tirilib, uzoqlarga uchib ketdi.

Buni eshitgan bulbul chuqur qayg'uga cho'mdi. Kun bo'yi hech narsa yemadi, ichmadi, hatto ovoz ham chiqarmadi. Savdogar uni qutqarib qolish uchun ko'p harakat qildi. Lekin foydasi bo'lmadi.

Ertalab yemish olib kelgan xizmatkor bulbulning qafasda o'lib yotganini ko'rdi. Savdogar sayroqi qushidan ayrilganiga qattiq kuyindi. Afsuslanishdan foyda yo'qligini sezib, xizmatkorni chaqirdi va qushni uydan uzoqroqqa tashlab kelishni buyurdi. Xizmatkor uni olib devor tashqarisiga olib chiqdi va axlatxonaga irg'itib yubordi.

Bulbul yerga tushib ulgurmasdan jonlandi va quvnoq qo'shig'ini kuylab bog' ustida aylana boshladi.

– Menga ajoyib maslahat olib kelganingiz uchun rahmat, xo'jayin! – deb qichqirdi va o'z vatani tomon uchib ketdi.

The nightingale

In ancient times, there was a wealthy merchant, and who had brought many valuable things from different countries. Wherever he went, he brought back something good as memory.

There was a nightingale in the merchant's house. He lived in a large and beautiful cage made of silver. The merchant was generous to the nightingale and could devote anything. The servant would bring the nightingale water and the finest grains in a silver bowl every day - in the morning, at lunch and in the evening. The nightingale lived a carefree, prosperous life. The nightingale was the best singer at that time.

When the merchant heard the nightingale sing happily, he used to think, "The bird is happier in my house than in freedom."

One day the merchant set out on a journey to another country. Upon learning of this, the nightingale begged the merchant:

— "Sir, you have always been kind to me." Please, fulfill one more request. You are going to my country now. My relatives live in the pomegranate orchard there. Please send my greetings to them and let them know that I am safe and sound.

— "All right, I'll do as you asked," said the merchant, and set off.

When he got there and sold his goods, he went to look for the garden, the nightingale had mentioned. After a long journey, he finally came across with a picturesque orchard. There were countless blossoming flowers in the orchard. There was a pleasant, fragrant smell coming from all around. Anywhere he looked he saw; the nightingales on the branches of the trees and singing loudly. One of them was singing so sadly that he could not listen indifferently.

"These must be the birds I am looking for," thought the merchant, and approached the tree and shouted:

— "Hey, nightingale!" Your brother lives in my house. He asked me to greet you and all your relatives and tell you that he is healthy and healthy.

When the nightingale heard this, it fell to the ground as if being shot. The merchant did not know what to do. The bird spread its wings and lay motionless with its mouth open.

"Oh, I shouldn't have reminded him about his brother," thought the merchant. "He seemed to be missing his brother too much. Now it is useless to regret. "

The merchant took the dead bird and threw it on the grass in the distance.

As soon as the nightingale was thrown down, it relived up, landed on a tree, jumped from branch to branch, and entered the garden.

— "Wait, where are you going?" Shouted the merchant. "Your brother is waiting for news from you!"

But the nightingale did not listen to him, and disappeared into the thick leaves singing

a happy song . The merchant returned home upset.

— "Sir, did you bring any news from my relatives?" Asked the nightingale.

— "I told your relatives everything about you, but I didn't hear anything from them." Apparently, they didn't want to hear about you. I told your brother about you, but he didn't listen, and he pretended to be dead, and I was convinced he was dead. I picked it up and threw it on the lawn. Suddenly, he was resurrected and flew away.

The nightingale was deeply saddened to hear this. He did not eat, drink, or make noise during the day. The merchant worked hard to save her. But all was in vain.

In the morning, the servant who brought the food found the nightingale dead in a cage. The merchant was deeply saddened by the loss of the chirming bird. Feeling that there was no point in remorse, he called a servant and ordered the bird to be thrown away from the house. The servant took him out of the house and threw him in the garbage.

The nightingale revived before falling down and began to fly around the garden, singing a merry song.

— "Thank you for giving me great advice, sir!" He shouted, and flew home.

Xurmacha polvon

Bor ekan, yo‘q ekan, och ekan, to‘q ekan. Bir chol-u kampir bor ekan. Bularning echkisi ko‘p ekan-u, bolasi yo‘q ekan. Kunlardan bir kun kampir sut pishirib o‘tirib: “Mening bolam bo‘lsa edi, sut desa sut bersam, qaymoq desa qaymoq bersam, qatiq desa qatiq bersam”, debdi.

O‘shandan keyin kunlardan bir kuni boshi ham yo‘q, oyog‘i ham yo‘q, qo‘li ham yo‘q bir xurmacha o‘g‘il tug‘ibdi. Kampir xurmachani tandir ustiga tashlab qo‘yaveribdi. Chol kampirga:

— Kampir, farzandim yo‘q, deding, bir xurmacha tug‘ding, tandir ustida yotibdi. Shu xurmachani ko‘rmaylik ham, kuymaylik ham, sindirib tashlaylik, — debdi. Shunda tandir ustidan xurmacha turib:

— Ey, ota, sizga nima zararim tegdi, ishga buyurdingiz-u qilib kelmadimmi, yo o‘roqqa aytdingiz-u bormadimmi? — debdi.

Chol:

— Mana, falonchi boyning o‘rog‘i o‘rilmagan, shunga o‘roqqa chiqsang bo‘lmaydimi? —debdi.

Xurmacha o‘roqni olib, asta-sekin boyning oldiga boribdi. Boy:

— O‘rganingga qancha haq olasan? —debdi. Xurmacha polvon:

— Shu xurmachani to‘ldirib bersangiz bo‘ladi, — debdi. Boy “Ozgina haq berar ekanman”, deb suyunibdi. Xurmacha polvon boyning o‘rog‘ini o‘ribdi, bog‘labdi, yanchibdi, sovuribdi. Boy kelibdi-da, yengini shimarib bug‘doyni qoplamoqchi bo‘libdi. Xurmacha polvon boyga:

— To‘xtang, avval mening haqimni bering, keyin qoplarsiz, — debdi.

Boy:— Men qoplab ketaveray, haqingni keyin beraman, — debdi.

Xurmacha polvon:

— Yo‘q, oldin haqimni bering! — debdi. Boy:

— Hay, sendan qutulay, oldin sening haqingni bera qolay, o‘zim keyin qoplab olarman, — deb bug‘doyni g‘alvirlab xurmachaga solaveribdi. Xirmonda bug‘doyning yarmi qolibdi. Xurmacha to‘lmabdi, bug‘doyning hammasini solibdi, xurmacha to‘lmabdi.

Xurmacha polvon:

— Xurmacha to‘lmadi, to‘ldirib bering, — debdi.

Boy:
— Bug‘doyimning barini soldim — to‘lmadi. Bu xurmacha emas, bir balo ekan. Shuncha dehqonchiligim ketdi, shunda ham to‘lmadi, — deb xafa bo‘libdi. Xurmacha polvon:
— To‘lmasa to‘lmas, — deb uyiga qaytibdi.
— Ona! Otamga ayting, tomga chiqib tom tepasini teshsin, — debdi.
Onasi:
— Nima olib kelding? —debdi.
Xurmacha polvon:
— Bug‘doy olib keldim, — debdi.
Onasi:
— Olib kelgan bug‘doyingni tovoqqa solib qo‘yaver, qancha ketar edi bu xurmachaga, — debdi. Xurmacha polvon:
— Tovoqqa sig‘maydi, tomni teshinglar, uyni to‘ldiraman, — debdi.
Otasi tomga chiqib tomni teshibdi. Xurmacha polvon tomga chiqib tom teshigidan bug‘doyni to‘kaveribdi, uy to‘lib ketibdi. Shunday qilib, chol-u kampir Xurmacha polvondan xursand bo‘lishibdi. Tinch yashab murodlariga yetishibdi.

Pitcher Samson

Once upon a time there was an old man and his wife. They had a lot of goats but no children. One day, an old woman was cooking milk and said, "If I had a child, I would give milk when he asked, if he wanted cream, I would give him cream, if he wanted yoghurt, I would give him yoghurt."

After that, one day a boy was born with no head, no legs, and no arms. The old woman left the boy on the tandoor. To the old man to his woman:

"Wife, you said you had no children, you gave birth to a son like pitcher, it's lying on the tandoor." Let's not see this Pitcher, not get hurt, let's break it down. 'Then Pitcher standing on the tandoor said:

"Father, what's the matter with you? Didn't I work when you ordered me, or didn't I go sickling when you asked me?" He said.

The old man:

— "Listen, the rich man's sickle isn't cut, so why don't you go out and reap it?"

Pitcher picked up a sickle and slowly walked over to the rich man. The rich man:

— How much do you get paid for reaping? He said. Pitcher Samson:

— "Fill that pitcher," answered Pitcher Samson.

The rich was glad to a little." The Pitcher Samson reaped the rich man's sickle, clustered it, crushed it, and blew it. The rich man came and rolled up his sleeves to bag the wheat. Pitcher Samson:

— "Wait, pay me first, and then you'll bag the wheat."

The rich man said,

— "I'll pay you later."

Pitcher Samson said:

— "No, pay me first!"

The rich man:

— "Ok, I want to get rid of you. I'll pay you first, and then I'll bag the wheat myself," he said, filling the wheat into his pitcher. Half of the wheat

was gone but the pitcher was not full, then the rich man put all the wheat in, the pitcher Samson wasn't filled up.
Pitcher Samson:
— "The pitcher isn't full, fill it."
The rich man:
— "I have given you all my wheat but you are not full yet." It's not a pitcher, it's misfortune. I lost so much harvest whereas I couldn't pay off."
Pitcher Samson:
—"If it is not full then I'll go home."
— "Mother!" Tell my father to go up to the roof and pierce the roof. '
His mother asked:
— "What did you bring?"
Pitcher Samson:
— "I brought wheat," he said.
Mother:
— "Put the wheat you have brought on a plate, how much wheat would the pitcher contain?"
Pitcher Samson:
— "It doesn't fit on the plate. Pierce the roof and I'll fill the house," he said. His father climbed on the roof and drilled a hole in the roof. Pitcher Samson climbed to the roof and poured wheat through the hole in the roof, filling the house. So, the old man and the old woman were happy with the Pitcher Samson. They lived in peace and achieved their goals.

Dunyoda nima lazzatli?

Husayn mirzoning qirq vaziri bor ekan. Qirqinchisi Alisher Navoiy ekan. Bir kam qirq vazir Navoiyni Husayn mirzoga yomonlay beribdi. Husayn mirzo Alisherni vazirlikdan bo‘shatibdi.
Bir kuni Husayn mirzo bir kam qirq vazirdan:
— Dunyoda nima lazzatli? — deb so‘rabdi. Vazirlar bilgan va boshlariga kelgan hamma sirlarni aytibdilar.
Husayn mirzo:
— Yo‘q, topolmadingiz! Ertalabgacha topib bermasangiz hammangiz joningizdan umidingizni uzing! — debdi.
Vazirlar o‘zaro maslahat qilishibdi.
— Buni Alisher biladi, — debdi vazirlardan biri. Uni Navoiyga yuboribdilar. Vazir Navoiyning oldiga kelib:
— Husayn mirzo bizga: «Dunyoda nima lazzatli, shuni topinglar!» deb buyurdi, biz topa olmadik. Aytib bermasangiz bo‘lmaydi, — debdi.
— Qaysi ovqatni och qolib yesangiz, o‘sha lazzatli deng, — debdi Navoiy.
Vazirlardan Husayi mirzo so‘raganida ular shunday debdilar. Husayn mirzo aytibdi:
— Buni siz topmagansiz, to‘g‘risini ayting, kim aytib berdi?
Vazirlar:
— Taqsir, o‘zimiz topdik, — debdilar.
Husayn mirzo hammalarini bir uyga qamab:
— Kimki to‘g‘risini aytmasa, shu uydan birma-bir chaqirib, boshini olaveraman! — debdi.
Shunda vazirlar turib:
— Biz Alisherdan so‘radik, — debdilar. Husayn mirzo aytibdi:
— O‘zingiz uni menga yomonlab haydatib yuborib, yana nega undan maslahat so‘raysizlar? Demak, usiz sizlarning miyangiz ishlamas ekan-da!
— debdi va Navoiyni chaqirtirib, yana vazirlikka tayinlabdi.

What is delicious in the world?

Hussein mirza had forty ministers. The fortieth was Alisher Navoi. Thirty nine ministers denounced Navoi to Hussein mirza. Hussein mirza dismissed Alisher.

One day Hussein asked thirty nine ministers:

— What is delicious in the world? The ministers told everthing they knew and had come up with.

Hussein mirzo said:

"No, you couldn't find!" If you don't find it by morning, all of you will be executed!

The ministers consulted with each other.

"Alisher knows that," said one of the ministers. Then he was sent to Navoi.

Coming to Navoi Minister told:

— Hussein mirza told us: "Find what is delicious in the world!" we couldn't find it. Please tell, what is it?

"Whatever you eat when you're hungry is delicious," answered Navoi.

When Hussein asked the ministers, they said so. Husayn Mirza said:

— "You didn't find it. Tell me, who told you that?"
Ministers:
— "We found it ourselves, sir," they said.
Husayn Mirza locked them all in one hall:
"Whoever doesn't tell the truth; will be called one by one from this house and his head will be taken!" He said.
Then the ministers:
"We asked Alisher."
Husayn Mirza said:
"Why did you traduce him to me and ask him for advice?" So, without him, all of you cannot solve out any problem! He summoned Navoi and re-appointed him to the ministry position.

Mukofot

Bir bor ekan, bir yo‘q ekan, kattakon o‘rmonda qayrag‘ochlar ostida bir maktab bor ekan. Unda Moshvoy ismli mushukcha, Qag‘-qag‘ ismli qarg‘acha, Dik-dik ismli quyoncha, ismi Chiy-chiy sichqoncha, Pi-pi ismli maymuncha, Xir-xir ismli cho‘chqacha va boshqalar o‘qishar ekan. O‘qish boshlangan kuni Tovusxon ismli juda xushfe’l, muloyim bir o‘qituvchi ularga kitob va daftarlar ulashibdi.

— Kitoblaringizni yirtmasdan, yaxshi saqlanglar. Bu kitoblarni sizdan keyin ukalaringiz ham o‘qishadi, — debdi va ta’kidlab yana qo‘shib qo‘yibdi:

— Kimki kitobini yaxshi saqlasa, o‘quv yili oxirida o‘shanga mukofot ham beramiz.

Ular kitob va daftarlarni sevinib-sevinib olib ketishibdi. Oradan ko‘p o‘tmabdi. Bir kuni Chiy-chiy Pi-piga maqtanib:

— Muqovasini yeb ko‘rsam, biram mazaliki, — debdi kitobini ko‘rsatib. Pi-pi ham shunaqamikan-a, deb kitobning muqovasini qiyma-qiyma qilibdi. Ularni kuzatib turgan Xir-xir ham maqtanib qolibdi:

— Kitobda piyoz, sholg‘om, kartoshka surati bor ekan, hammasini yedim. Pi-pi ham qiziqib ketib, kitobdagi jami suratlarni yeb chiqibdi. Qag‘-qag‘ ham bo‘sh kelmabdi. Olcha, gilos, olma, yong‘oq rasmlarini cho‘qib, kitobni ilma-teshik qilib tashlabdi. O‘quv yili tugashi bilanoq Tovusxon o‘quvchilardan kitoblarni birma-bir yig‘ib olibdi. U Chiy-chiy bilan Pi-pidan ham, Xir-xir bilan Qag‘-qag‘dan ham juda-juda xafa bo‘libdi. Ammo Moshvoy bilan Dik-dikdan xursand bo‘libdi. Chunki ular kitoblarini yirtmay, kir qilmay, ozoda saqlagan, yaxshi tutishgan ekan. Tovusxon Dik-dikga bitta sabzi, Moshvoyga esa issiqqina bo‘g‘irsoq mukofot beribdi va suratlarini namunalilar qatoriga ilib qo‘yibdi.

Prize

Once upon a time, there was a school under the pine trees in a big forest. A kitten named Moshvoy, a crow named Caw-caw, a rabbit named Drum-drum, a mouse named Squeak-squeak, a monkey named Screech-screech Pi-pi, a pig named Oink-oink and others studied there. On the first day of school, a very kind and gentle teacher named Peacock gave books and notebooks to them.

— "Keep your books well without tearing them. These books will be read by your brothers after you" he said. Then, he added: "Whoever keeps his book well, will be rewarded at the end of the school year."

They happily took away the books and notebooks. After some days, Squeak-squeak boasted to Screech-screech indicating the book, "I ate the cover, it was really delicious."Screech-screech also shredded the cover of the book, wondering if it had the same taste. Oink-oink, who was watching them, also boasted: There were pictures of onions, turnips, and potatoes in the book, and I ate them all. Screech-screech was also intrigued and ate all the pictures of the book. Caw-caw was not left out and did the same. They cut out pictures of cherries, apples, and walnuts and tore the book down. At the end of the school year, Peacock collected all the books from students one by one. He was very upset with Squeak-squeak, Screech-screech, Oink-oink and Caw-caw. But he was happy with Moshvoy and Drum-drum. Because they kept their books clean and well, not tearing them. Peacock rewarded Drum-drum with a carrot and Moshvoy with a hot snack, and hung his pictures among the ostentatious.

ADABIY ERTAK
BO‘RINING TABIB BO‘LGANI HAQIDA ERTAK

Anvar Obidjon

I

Nelar bo‘lmas jahonda!..
Yer go‘yo ters aylandi –
Tabiblikka o‘rmonda
Yirtqich Bo‘ri saylandi.
Ana qarang, tish qayrab
O‘tirar shum shifokor.
Yo‘lga boqar jovdirab,
Tezroq kelsa deb bemor.
Keldi ingrab Quyonvoy,
Shalvirab ding qulog‘i.
Qadamlari poyma-poy,
(Balki, tortmas oyog‘i.)
– Qani, o‘tir.
Xix-xix-xi...
Darding nima?
Ayt, inim.
– Bo‘ri og‘a,
Uch kunki –
Tinmay og‘rir biqinim.
Bo‘ri yaqin o‘tirdi,
Dono bilib o‘zini.
Biqin qolib,
Tekshirdi –
Quyonning chap ko‘zini.
– Kechikamiz dingquloq,
Ko‘rmasak tez chora gar.
Oshqozoning sal chatoq,
Buni... «tumov» deydilar.
Biz tabiblar bu dardni
Juda yaxshi bilamiz.
Qorning yorib,
Sen mardni –
Muolaja qilamiz.
Dikkaytirib dumini,
Qochib qoldi tez Quyon.
Bechoraning biqini
Og‘rimas shundan buyon.
Keyin og‘rib tomog‘i,
Keldi yig‘lab yosh To‘ng‘iz.
Ushlab ko‘rib oyog‘in,
Bo‘ri dedi:
– Voh, essiz!..
Tomoq og‘riq boshlanar
O‘ng oyoqning payidan.
Kesib olsak soz bo‘lar,
Go‘shtlikkina joyidan.
Bo‘ri tayyor deb o‘lja,
Yutar ekan so‘lagin.
Fursat poylab To‘ng‘izcha
Rostlab qoldi juftagin.

II

Keldi Tulki ming‘irlab,
Tikan kirib qo‘liga.
(Bo‘ri der: «Bu boshqa gap!»
Uchrab go‘shtning mo‘liga.)
– Tabib, uzr,
Keldim kech...
Juda chatoq ishlarim...
– Dard ko‘rmaysan endi hech,

Omon bo‘lsa tishlarim!
Yutar ekan so‘lagin.
Fursat poylab To‘ng‘izcha
Rostlab qoldi juftagin.
– Kecha tunda uzoqdan
Tinglab shirin ovozin,
Tutib keldim uzoqdan
Tul kampirning xo‘rozin.
Yo‘lda ablah bo‘ztikan
Yaraladi qo‘limni.
Azobi ja zo‘r ekan,
Bukchaytirdi belimni.
«Shoshmay turgin, muttaham!»
Der Bo‘rivoy ichida.
– Ko‘z tegmasin,
O‘zing ham –
Yetilibsan-da juda...
Dardingni bilay tishlab,
Beri kel-chi, jon inim.
...Shunday qilib, dil xushlab,
Bo‘ri yedi Tulkini.
So‘ngra ochib bemorning –
Qabul qilish daftarin,
Silab-siypab qornini
Yozdi ushbu gaplarni:
«Qo‘lin tirnab bo‘ztikan,
Tulki keldi notetik.
Ahvoli og‘ir ekan,
Chora topmadik...Yedik!»
Kechga yaqin kekkayib,
Kirib keldi qari Sher.
Bo‘ri yetti bukchayib,
«Xush kelibsiz, shohim!» der.
Sher harsillab,
O‘zini
O‘rindiqqa tashladi.
Chaqchaytirib ko‘zini,
Darg‘azab so‘z boshladi:
– Yuray desang sog‘, quvnoq,
Yaxshilab ko‘r, akasi.
Bir haftaki, sal yo‘qroq
Ishtahamning mazasi.
Bo‘ri aytar:
– O, shohim,
Chekmang tashvish ozorin.
Buning chorasi oson,
Zarurdir quvvatdori.
Tabibdir yetti pushtim,
Shunday uqtirar ular:
«Semiz hayvonning go‘shti
Quvvatga ko‘p boy bo‘lar».
Og‘zidan so‘lak oqib
U tugatgach gapini,
Semiz tabibga boqib
Sher yaladi labini:
– Yaxshi emas, har holda,
Quvvatdori izlasam.
Shoh bo‘lsam-u,
Shoqolday –
O‘rmonda giz-gizlasam.
Qo‘ldan berib imkonni,
So‘ng yurarman armonda –
Sendan semiz hayvonni
Topish mushkul o‘rmonda.
Qadrlayman men har choq
Tabiblarning so‘zini,
Totmoqchiman hoziroq
Quvvatdori tuzini.

LITERARY FAIRY TALE

A FAIRY TALE about THE WOLF becoming A DOCTOR

Anvar Obidjon

I

What a wonderful world!
As if the earth is turning upside down –
The Wild Wolf was chosen.
For medical treatment in the woods
Look!
The doctor is sitting.
Teeth grinding
Impatiently looking forward,
For a patient.
The rabbit comes moaning,
With ears drooping
Stepping slowly,
(Probably reluctantly,)
-"Sit down.
Tell me, dear. "
What is your problem?
-"Brother Wolf,
My back has been hurting.
For three days long."
The wolf sits down closer,
Considering himself wiser
Checks -
The rabbit's left eye.
Instead of his back.
-"It will be too late,
If now we don't, act.
It is a problem of your stomach,
It's called ... the flu.
We doctors know well
All about this desaese
To treat you well
I will dissect your stomache
A fearless rabbit. ”
The rabbit ran away quickly.
Lifting his tail rapidly,
The poor rabbit’s back
Never hurts back.
Then with a sore throat,
The crying young pig appeared.
Holding his foot,
The wolf said:
-What a pity
A sore throat begins
With your right foot.
It will be fine
If I cut a flashy part
Of a right one
The wolf thinks the prey is ready,
Swallowing his spittle
A Pig escaped
Finding a right moment

II

The fox comes muttering,
A thorn in her hand.
(The wolf says, "That's good!
Enough meat to eat".)
Sorry, doctor, I came late ...
Everything is bad
-You won't be in pain anymore,

As my teeth are hale!
- Last night listening
to sweet voice from a distance.
I caught a widow's cock
From a distance
A mutt thorn on the road
Injured my arm
The pain was dreadful.
My back was bent
-“Don't be in a hurry, villain!"
Wispered the wolf silent.
How wonderful,"
You are very mature also...
Come on, dear.
I will learn about your illness
Biting you
Thus,
The wolf ate the fox merrily.
Opened the patient’s
Reception book cheerfully,
Fumbling his belly
He wrote the following:
“The fox came not well.
With a scratched handy,
Her condition was terminal
I couldn’t find remedy ...
And ate! ”
By the evening
An old lion came arrogantly.
Bending, the wolf said:
-"Welcome, Your Majesty
King!"
Roaring the lion,
Threw himself to the chair.
Stares at wolf,
Starts talking angrily:
-"If you want to be healthy
and cheerful,"
Take a good look, bro.
For a week
My appetite isn’t so good,
The wolf says:
“Oh, my lord, don't worry.”
It is easy to address,
Power supply is necessary.
Seven generations of mine
were doctors,
They said: “Fat animal’s meat
Rich in energy."
Watering his mouth
The lion finished his speech.
The lion licked his lips,
Looking at the fat doctor.
He said:
- Anyway it isn’t good for me,
Looking for vigour.
Being a king
And hunting for a prey.
Like a jackal
Not taking the opportunity,
I will regret then -
It's hard to find in the woods,
A fat animal like you.
I appreciate the doctors’
recommendations
All the time
And I would like to
Eat you right now.

Adabiyotlar ro'yxati

1. O'zbek xalq ertaklari. 3 jildlik. – T.: O'qituvchi, 2013. 384 b.
2. O'qish kitobi 4-sinf: umumiy o'rta ta'lim maktablarining 4-sinfi uchun darslik / S. Matchonov [va boshq.]. - Qayta ishlangan va to'ldirilgan oltinchi nashr. - Toshkent.: «Yangiyo'l poligraf servis», 2017. - 216 b.
3. Tulenova X.B, Nurullayev A.Q, Musayev 0,Q . Latibova L, B "O'zbekcha-inglizcha-ruscha" lug'ati. "Dizayn-Press" MCHJ nashriyoti. 2011
4. http://ertaklar.uz/uz/ozbek-xalq-ertaklari
5. https://ertak.uz/tale/taleuz

MUNDARIJA

Printed by Books on Demand GmbH, Norderstedt / Germany